NATIONAL GEOGRAPHIC

Peldaños

EL VIEJO OESTE

HOGAR EN LA PRADERA

inspirado en el poema "Mi casa en el Oeste" del Dr. Brewster Higley

En 1871, el Dr. Brewster Higley abandonó el este de los Estados Unidos y se mudó a Kansas. Construyó una cabaña en su propio terreno. Las vistas que rodeaban la cabaña lo inspiraron a escribir un poema, y más tarde el poema se convirtió en una canción. La canción original fue popular y le siguieron muchas versiones. En la actualidad conocemos la canción con el título "Hogar en la pradera". El siguiente texto proviene de una de las más conocidas versiones de la canción.

Oh, give me a home, where the buffalo roam
Where the deer and the **antelope** play;
Where seldom is heard a discouraging word,
And the skies are not cloudy all day.

(Refrain) Home, home on the **range**
Where the deer and the antelope play;
Where seldom is heard a discouraging word,
And the skies are not cloudy all day.

Where the air is so pure, the zephyrs* so free,
The breezes so balmy and light,
That I would not exchange my home on the range
For all the cities so bright.

(Refrain)

Oh, dame un hogar donde deambule el búfalo
Donde jueguen el venado y el **antílope;**
Donde rara vez se oiga una palabra desalentadora,
Y el cielo no esté nublado todo el día.

(Estribillo) Hogar, hogar en la **pradera**
Donde el venado y el antílope juegan;
Donde rara vez se oye una palabra desalentadora,
Y el cielo no está nublado todo el día.

Donde el aire es tan puro, los céfiros* son libres,
Las brisas tan perfumadas y suaves,
Que no cambiaría mi hogar en la pradera
Por todas las ciudades muy brillantes.

(Estribillo)

2

How often at night when the heavens are bright
With the light of the glittering stars,
Have I stood here amazed and asked as I gazed
If their glory exceeds that of ours.

(Refrain)

Oh, I love the wild flowers in this dear land of ours;
The curlew* I love to hear scream;
And I love the white rocks and the antelope flocks,
That graze on the mountain-tops green.

(Refrain)

Oh, give me a land where the bright diamond sand
Flows leisurely down the stream;
Where the graceful white swan goes gliding along
Like a maid in a heavenly dream.

(Refrain)

Then I would not exchange my home on the range,
Where the deer and the antelope play;
Where seldom is heard a discouraging word
And the skies are not cloudy all day.

(Refrain)

Cuántas veces a la noche, cuando el cielo brilla
Con la luz de las estrellas resplandecientes,
He estado de pie aquí sorprendido y me he
preguntado al observar
Si su gloria excede la nuestra.

(Estribillo)

Oh, amo las flores silvestres
de nuestra tierra querida;
El zarapito* al que me gusta oír gritar;
Y amo las rocas blancas y las manadas
de antílopes,
Que pastan en el verde
de las cimas montañosas.

(Estribillo)

Oh, dame una tierra donde la brillante arena
de diamante
Fluye por el arroyo;
Donde el gracioso cisne blanco pasa planeando
Como una doncella en un sueño celestial.

(Estribillo)

Entonces no cambiaría mi hogar en la pradera,
Donde el venado y el antílope juegan;
Donde rara vez se oye
una palabra desalentadora
Y el cielo no está nublado todo el día.

(Estribillo)

* céfiro   brisa suave que sopla desde el Oeste
* zarapito ave zancuda grande de color marrón que se reproduce
            en las Grandes Planicies y tiene un pico curvo y largo

Compruébalo   ¿Cómo expresa la canción detalles sobre el Oeste?

Historia de los vaqueros

por Dennis Fertig

Las autopistas interestatales se extienden a través del Oeste de los Estados Unidos. Cada tanto, los conductores divisan algo a la distancia polvorienta. "¿Será eso un vaquero?" preguntan sorprendidos.

Bueno, puede ser que sí. Los vaqueros no son solo leyendas del pasado. Los verdaderos vaqueros aún montan caballos y patrullan los ranchos para vigilar al ganado. . . a veces un ganado obstinado. Cuando trabajan, estos vaqueros ven las autopistas modernas a la distancia, pero también ven la larga y orgullosa tradición que honran con su trabajo. Siguen las costumbres de los vaqueros que han durado siglos.

Lo que alguna vez se consideró "El Oeste" incluía los estados al oeste del río Mississippi, México y parte del oeste de Canadá.

¿Qué es un vaquero?

A lo largo de la historia, se ha arreado grandes grupos de animales, como ovejas, cabras y cerdos. Un vaquero es un arriero que cuida el ganado. El arreo de animales puede parecer algo simple, pero el trabajo de un vaquero siempre ha sido un desafío y un trabajo riesgoso.

La tradición de los vaqueros comenzó mucho antes de que existieran los Estados Unidos. En el siglo XVI, los soldados y los colonos españoles trajeron dos animales a Norteamérica: las vacas y los caballos. Los nativo-americanos nunca habían visto a estas bestias grandes de raro aspecto. Sin embargo, con el tiempo los nativo-americanos se convirtieron en jinetes expertos.

La ganadería y los vaqueros

En México y otras áreas donde se establecieron los españoles, la ganadería se hizo común. Las vacas son animales valiosos. Las vacas brindan leche que se bebe y se usa para hacer queso y mantequilla. Las vacas también son una fuente de carne, como la carne de bistec y hamburguesa. El cuero se hace con el pellejo de la vaca. En el pasado, el jabón y las velas se hacían con la grasa de las vacas y el estiércol de las vacas se usaba como combustible.

México tenía grandes áreas abiertas para que el ganado deambulara y los españoles adinerados sabían que la tierra era perfecta para la ganadería. Los vaqueros eran jinetes que trabajaban para estos ganaderos. Estos fueron los primeros vaqueros norteamericanos. Desarrollaron las técnicas de manejo, el atuendo y el equipo que usaron los vaqueros del oeste de los Estados Unidos. Algunos de los primeros vaqueros eran nativo-americanos esclavizados a quienes se forzaba a trabajar en los ranchos españoles.

Muchas palabras inglesas sobre la vida de los vaqueros provienen de palabras españolas. Por ejemplo, la palabra *buckaroo* se usaba más comúnmente que *cowboy*. *Buckaroo* era como pronunciaban *vaquero* los estadounidenses que no sabían hablar en español. De la palabra española *mesteño*, que es sinónimo de *salvaje* o *errante*, procede la palabra *mustang*, que es como se llama a los caballos cimarrones en los Estados Unidos.

Territorio de los vaqueros

COLUMBIA BRITÁNICA

ALBERTA

SASKATCHEWAN

CANADÁ

WASHINGTON

MONTANA

DAKOTA DEL NORTE

OREGÓN

•Pryor

•Powell

IDAHO

WYOMING

ESTADOS UNIDOS

DAKOTA DEL SUR

NEVADA

UTAH

COLORADO

NEBRASKA

CALIFORNIA

•Pueblo

KANSAS

•Flagstaff

ARIZONA

NEW MEXICO

•Adrian

OKLAHOMA

TEXAS

MÉXICO

BUCKAROO

COWBOY

COWPUNCHER

VAQUERO

Se desarrollaron estilos y nombres distintivos de los vaqueros en diferentes regiones del Oeste.

Las praderas abiertas del oeste estadounidense, particularmente de Texas, se convirtieron en el hogar de muchos cimarrones. Los vaqueros atrapaban caballos cimarrones. Los domaban y el cimarrón se convirtió en el caballo preferido del vaquero. Cuando los colonos estadounidenses se mudaron a Texas, algunos emprendieron la ganadería. Los nuevos tejanos, tanto ganaderos como vaqueros, aprendieron de los vaqueros mexicanos a manipular los caballos.

Rodeos y arreos

Hasta que la Guerra Civil comenzó en 1861, la ganadería prosperaba en Texas. La guerra retrasó la ganadería. Como resultado, el ganado cimarrón se hizo más numeroso. Después de la guerra, volvió a comenzar la **expansión** estadounidense hacia el Oeste. Se reanudó la ganadería, lo que hizo que las oportunidades laborales fueran abundantes para los vaqueros.

Los ganaderos eran los dueños de la tierra y el ganado, pero los vaqueros eran el corazón de los ranchos ganaderos. Los ganaderos dependían en gran medida de los vaqueros que vivían y trabajaban en los ranchos. Los vaqueros eran responsables de mantener al ganado sano y seguro. También protegían a la manada de los cuatreros, ladrones que robaban ganado.

Hay muchas razas de ganado, pero la más común en el Viejo Oeste era el cornilargo. Los vaqueros del Viejo Oeste se volvieron expertos en el manejo de esta raza. El ganado cornilargo era una cruza de la raza que los españoles trajeron a América y una raza inglesa del este de los Estados Unidos. Aunque los cornilargos eran fuertes, resistentes y tenían cuernos peligrosos, estos animales indómitos también podían recorrer grandes distancias. Podían vivir con pequeñas cantidades de pasto y agua que encontraban en las áridas tierras del Oeste.

Los ganaderos permitieron que su ganado se mezclara con el ganado de otros ganaderos. El ganado tenía marcas, o símbolos, que los vaqueros quemaban en el cuero del animal con una herramienta de hierro. Las marcas mostraban qué ganaderos eran los dueños del ganado. Dos veces al año, en los rodeos, los vaqueros arreaban el ganado y lo clasificaban según su marca. Reclamaban las cabezas sin marca y luego las marcaban. Se arreaba el ganado y luego se lo dirigía a ciudades distantes en ferrocarril. Estos largos viajes desde las praderas hasta las vías ferroviarias se llamaban arreo de ganado. Hacia 1867, los arreos de ganado se estaban volviendo comunes. La gran era de los vaqueros había comenzado. Aproximadamente un tercio de los vaqueros estadounidenses eran afro-americanos o hispanos, y muchos vaqueros habían luchado en la Guerra Civil.

Las herramientas de los vaqueros

Casi todo lo que usaba o llevaba un vaquero era lo necesario para su trabajo.

Caballo

El caballo, la herramienta más importante de un vaquero, estaba entrenado para ayudar en el arreo de los cornilargos. Los "caballos de corte" ayudaban a un vaquero a capturar y marcar a los cornilargos. Los cornilargos no querían que los atraparan, así que el caballo y el vaquero tenían que trabajar juntos con destreza.

Ropa

La mayor parte de la ropa era parecida a la que usaban los vaqueros mexicanos.

Los vaqueros usaban una bufanda llamada pañuelo. El vaquero humedecía el pañuelo en agua y se lo enrollaba alrededor del cuello para refrescarse. Si lo usaba alrededor de la cara, lo protegía para que no respirara el polvo del camino. Con más frecuencia, un pañuelo simplemente no dejaba que al vaquero se le llenara la camisa de polvo.

Las camisas, los pantalones y los chalecos generalmente se hacían con un material de franela duradera que absorbía el sudor y no mostraba la suciedad. Los vaqueros necesitaban ropa resistente para protegerse del estado del tiempo y los rigores de su trabajo.

Montura

Los vaqueros solían sentarse en monturas desde el amanecer hasta el anochecer, así que una montura debía ser cómoda. La parte posterior alta permitía que el vaquero permaneciera en su lugar. Su parte anterior tenía una agarradera llamada cuerno y se usaba para enrollar una cuerda. De la montura colgaban estribos donde el vaquero ponía los pies. Debajo de los estribos había guardabarros, que evitaban que el vaquero tuviera contacto con el sudor del caballo.

Espuelas

Los vaqueros usaban espuelas alrededor del tobillo de sus botas. Atizaban al caballo con las espuelas para hacer que cambiara de dirección. Las espuelas no tenían filo, pero podían atravesar el grueso pelo del caballo.

Unos guantes gruesos protegían las manos del vaquero. La mayoría de los guantes estaban hechos de cuero o gamuza. En la actualidad, algunos guantes se hacen de lona duradera.

Un lazo colgaba de la montura. Los lazos eran cuerdas hechas de cuero o tejidos vegetales. Los vaqueros hacían girar el lazo sobre su cabeza mientras corrían a toda prisa para atrapar a una vaca o un caballo.

Las chaparreras eran coberturas de cuero que protegían las piernas de los vaqueros de los cuernos de vaca, las quemaduras de cuerda y los arbustos espinosos.

El sombrero de un vaquero tenía un ala ancha que protegía al vaquero del sol, la lluvia y la nieve. También le protegía los ojos y la cabeza de las ramas bajas. Un vaquero podía beber agua de su sombrero o usarlo para alimentar a su caballo.

Las botas estaban hechas de cuero y diseñadas para que los talones y los dedos del pie entraran bien en los estribos de la montura.

11

Vaqueros, peligros y armas

La vida en el campo era peligrosa. Las **estampidas** podían lanzar a un vaquero de su caballo; un cornilargo podía cornearlo; las inundaciones repentinas podían ahogarlo. Las serpientes, los escorpiones o los osos podían ocasionalmente terminar con su vida de manera repentina y trágica.

Aun así, los peligros que hacen que las películas de vaqueros sean emocionantes, no eran tan comunes. Aunque las batallas con los nativo-americanos eran poco comunes, los vaqueros tenían armas, generalmente pistolas Colt.

Si se disparaba un arma, era por una razón práctica. Los disparos de arma podían usarse como señales o para hacer que el ganado en estampida cambiara de dirección.

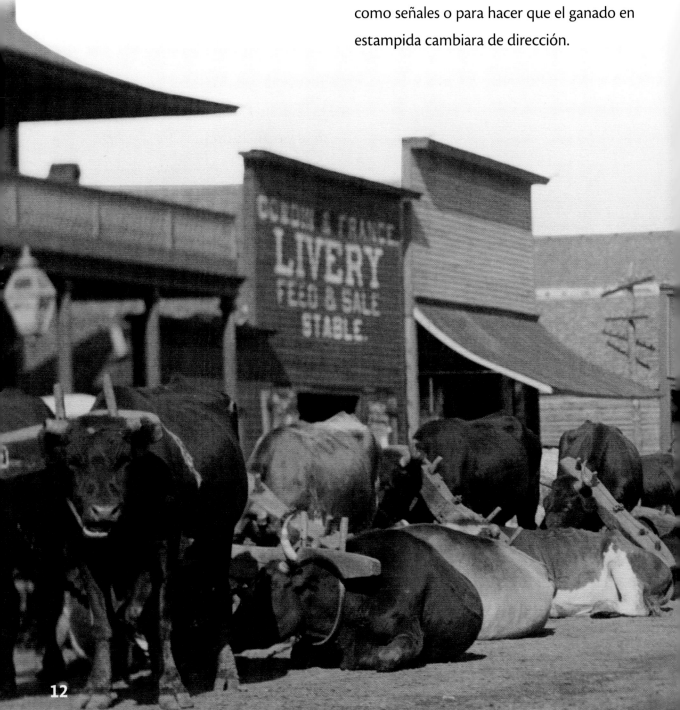

El final del camino

Los vaqueros les disparaban a muchos animales amenazantes, pero no siempre usaban armas. Las pistolas eran pesadas y estorbaban a la hora de enlazar y cabalgar, por lo tanto, los vaqueros solían dejar sus armas en la carreta donde llevaban sus herramientas.

En la década de 1880, aumentó la expansión y los territorios del Oeste se llenaron de granjeros y colonos. El alambrado dividió las praderas abiertas y las convirtió en ranchos cerrados.

Se reemplazó a los cornilargos con ganado nuevo que no se trasladaba tan bien. Pero el ganado no tenía que trasladarse porque los trenes llegaban a más lugares, y pronto los arreos de ganado no eran necesarios.

La edad dorada de los vaqueros y los arreos de ganado terminaron. Habían durado unos 30 años y participaron aproximadamente 30,000 vaqueros de verdad. Pero esos hombres robustos dejaron una impresión duradera. Las leyendas de los vaqueros han existido desde entonces, y siempre existirán.

En la actualidad se llevan a cabo homenajes al Viejo Oeste en Sturgis, Dakota del Sur. La foto de abajo muestra la calle principal de Sturgis alrededor de 1890.

Compruébalo ¿Por qué terminó la era de los vaqueros en el campo?

ANNIE OAKLEY

ANNIE OAKLEY

LOS CARTELES EN TODO EL PAÍS LLAMABAN A ANNIE LA "**FRANCOTIRADORA** DEL LEJANO OESTE". ERA UNA TIRADORA INCREÍBLEMENTE BUENA, PERO GUARDABA UN PROFUNDO SECRETO.

FRANK BUTLER

FRANK ERA RECONOCIDO COMO UN **TIRADOR** HABILIDOSO. AUNQUE UN DÍA FATÍDICO, UN ESPANTOSO CONCURSO DE TIRO LO LLEVÓ A DEJAR SU ARMA PARA SIEMPRE.

Y EL espectáculo del SALVAJE OESTE

POR DENNIS FERTIG · ILUSTRACIONES DE FEDERICO PIATTI

CAPITÁN ADAM H. BOGARDUS

ESTE VIEJO CAPITÁN ASTUTO ERA EL MEJOR TIRADOR DEL ESPECTÁCULO DEL VIEJO OESTE. NADIE PENSABA QUE ALGÚN DÍA FUERA A ABANDONAR EL ESPECTÁCULO, HASTA QUE OCURRIÓ UNA TRAGEDIA.

BUFFALO BILL CODY

WILLIAM CODY PRODUCÍA UN ESPECTÁCULO QUE MOSTRABA MOMENTOS LEGENDARIOS DEL VERDADERO OESTE ESTADOUNIDENSE. EL ESPECTÁCULO ERA **AUTÉNTICO**, EXCEPTO LA PARTE MÁS EXITOSA.

NATE SALSBURY

ESTE HOMBRE MISTERIOSO QUE ACTUABA EN LAS SOMBRAS TUVO UN EFECTO DURADERO EN EL SALVAJE OESTE. ¿TODO ESE PODER FUE ALGO BUENO?

PHOEBE ANN MOSES NACIÓ EN 1860 Y FUE LA QUINTA HIJA DE UNA FAMILIA DE PIONEROS DEL CONDADO DARKE, OHIO. MIENTRAS TRABAJABAN EN SU PEQUEÑA GRANJA, LA FAMILIA MOSES TUVO AÑOS FRUCTÍFEROS Y DIFÍCILES.

PHOEBE ES UN NOMBRE MUY ELEGANTE PARA NUESTRA HERMANA.

LLAMEMOS ANNIE A LA BEBÉ.

LA MADRE Y LAS HERMANAS DE ANNIE TRABAJABAN A DIARIO HACIENDO LAS COSAS DIFÍCILES QUE LAS MUJERES PIONERAS HACÍAN SIEMPRE.

TENDREMOS ABUNDANTE REMOLACHA POR EL MOMENTO Y ENLATAREMOS EL RESTO PARA EL INVIERNO.

¡ES TAN, PERO TAN DIFÍCIL SACAR LA REMOLACHA DEL SUELO DURO!

DE JOVEN, ANNIE TAMBIÉN TRABAJABA MUCHO, PERO PREFERÍA ATRAPAR Y CAZAR ANIMALES, COMO LOS HOMBRES PIONEROS.

ESPEREMOS QUE CON ESTA TRAMPA DE PAJA DE TRIGO ATRAPEMOS UN AVE GRANDE Y GORDA.

¡PAVO PARA LA CENA SERÍA MUCHO MEJOR QUE LA REMOLACHA!

A ANNIE NO LE PERMITÍAN QUE DISPARARA COMO LOS HOMBRES, PERO HABÍA UN RUMOR DE QUE TOMÓ PRESTADO EL RIFLE DE SU PADRE CUANDO TENÍA APENAS OCHO AÑOS.

SOLO ESPERO QUE EL PAVO SALVAJE NO DECIDA MOVERSE.

LA SAGAZ ANNIE CAZABA PRESAS PEQUEÑAS: PAVOS, CODORNICES Y CONEJOS, Y LAS VENDÍA A LA TIENDA LOCAL. DESDE ESOS DÍAS HASTA QUE FALLECIÓ MUCHAS DÉCADAS DESPUÉS, ANNIE VIVIÓ DE SUS DESTREZAS DE TIRO.

¿DE DÓNDE SACÓ ESA NIÑITA ESA CANASTA LLENA DE PRESAS?

QUIZÁ VALGA LA PENA MIRAR A ESTA JOVEN.

ESA NIÑITA ES ANNIE MOSES, LA MEJOR TIRADORA DEL CONDADO DARKE... Y QUIZÁ DEL MUNDO ENTERO.

EN ESA ÉPOCA A LA GENTE LE ENCANTABA EL TIRO. LA DESTREZA CON UN RIFLE O UNA ESCOPETA SOLÍA SER NECESARIA EN LOS TERRITORIOS MÁS SALVAJES DE LOS ESTADOS UNIDOS, Y SE ADMIRABA EN TODAS PARTES. LOS CONCURSOS EN LOS **CAMPOS** DE TIRO CONVOCABAN A TIRADORES FAMOSOS Y UN PÚBLICO NUMEROSO.

ESE DEBE SER EL SR. FRANK BUTLER, EL FAMOSO FRANCOTIRADOR.

BLAM

LOS TIRADORES MÁS CONOCIDOS DE LOS ESTADOS UNIDOS ERAN EL CAPITÁN ADAM H. BOGARDUS Y DOC CARVER. FRANK BUTLER ERA CASI TAN FAMOSO Y CASI TAN BUENO COMO ELLOS, O ESO CREÍA.

PUEDO SUPERAR A CUALQUIERA, EXCEPTO A BOGARDUS Y A CARVER.

BUENO, SR. BUTLER, APOSTARÉ $100 A QUE NO PUEDE VENCER AL CAMPEÓN DE TIRO DEL CONDADO DARKE.

BUTLER ES BASTANTE BUENO, PERO TENGO UN PRESENTIMIENTO SOBRE LA JOVEN ANNIE MOSES.

CUANDO FRANK BUTLER ACEPTÓ LA APUESTA, SUPUSO QUE EL CAMPEÓN SERÍA UN HOMBRE AL QUE PODRÍA VENCER FÁCILMENTE. CUANDO DESCUBRIÓ QUE EL CAMPEÓN DEL CONDADO ERA UNA JOVEN, ANNIE MOSES, FRANK SE QUEDÓ ATÓNITO.

LA SORPRESA DE FRANK BUTLER FUE MAYOR CUANDO PERDIÓ LA CONTIENDA DE TIRO.

BLAM BLAM

ES UN PLACER CONOCERLA, SEÑORITA MOSES.

EL PLACER ES MÍO. PASE LO QUE PASE, ESPERO QUE SEAMOS AMIGOS.

CRASH

CRASH

LE DI A 24 DE 25 BLANCOS, SEÑORITA MOSES.

SOLO ERRÓ UNO, PERO YO HICE PEDAZOS LOS 25, SR. BUTLER.

ASÍ COMO FRANK ESTABA IMPRESIONADO POR CÓMO DISPARABA ANNIE, ESTABA AÚN MÁS IMPRESIONADO POR SU PERSONALIDAD. FRANK SE ENAMORÓ DE LA JOVEN TIRADORA. ANNIE PRONTO SE ENAMORÓ DE FRANK Y SE CASARON EN 1876.

EL MATRIMONIO DE ANNIE Y FRANK DURÓ HASTA QUE FALLECIERON, 50 AÑOS DESPUÉS.

17

ANNIE OAKLEY
FRANCOTIRADORA DEL LEJANO OESTE

HERMANOS SELLS
CIRCO Y ZOOLÓGICO

ANNIE USABA EL NOMBRE ARTÍSTICO ANNIE OAKLEY, Y FRANK Y ELLA COMENZARON JUNTOS UN NÚMERO LLAMADO "BUTLER & OAKLEY". EN EL CIRCO DE LOS HERMANOS SELLS, SE REFERÍAN A ANNIE COMO LA "FRANCOTIRADORA DEL LEJANO OESTE".

MI SECRETO ES QUE NUNCA VIVÍ EN EL OESTE.

LAS MULTITUDES SIEMPRE TE ALENTARÁN, ANNIE, ¡NO IMPORTA DE DONDE VENGAS!

ANNIE Y FRANK ESPERABAN UNIRSE AL ESPECTÁCULO DEL SALVAJE OESTE, DE BUFFALO BILL, DONDE SABÍAN QUE ANNIE SERÍA UNA ESTRELLA DEL TIRO. ESPERABAN QUE BUFFALO BILL SE INTERESARA EN ELLA.

"ESTIMADO SR. CODY:

LE ESCRIBO PARA COMENTARLE SOBRE UNA TIRADORA CON UN TALENTO EXCEPCIONAL...".

BUFFALO BILL CODY NACIÓ EN 1846 Y SE CONVIRTIÓ EN UN AUTÉNTICO HÉROE DEL OESTE. DURANTE SU VIDA, FUE JINETE DEL PONY EXPRESS,

SOLDADO DE LA UNIÓN,

CAZADOR DE BÚFALOS

Y EXPLORADOR DE LA CABALLERÍA ESTADOUNIDENSE.
COMBATIÓ A LOS NATIVO-AMERICANOS Y LUEGO SE HIZO AMIGO DE ELLOS.

EN LA DÉCADA DE 1880, EL OESTE ESTADOUNIDENSE COMENZÓ A CAMBIAR. BUFFALO BILL DECIDIÓ CONMEMORAR ESE ESPÍRITU CON SU ESPECTÁCULO DEL SALVAJE OESTE. MILLONES DE PERSONAS VIERON CÓMO LA COMPAÑÍA DE BUFFALO BILL CELEBRABA LOS EMOCIONANTES DÍAS DE AVENTURA EN EL VIEJO OESTE.

BUFFALO BILL ESTUDIÓ LA CARTA DE FRANK, CONSIDERÓ SU SOLICITUD, Y LA RECHAZÓ. EL ESPECTÁCULO DEL SALVAJE OESTE YA TENÍA AL MEJOR NÚMERO DE TIRADORES DE LOS ESTADOS UNIDOS, QUE PRESENTABA AL CAPITÁN BOGARDUS Y SUS CUATRO HIJOS. ADEMÁS, A BUFFALO BILL LE PREOCUPABA QUE ANNIE ERA DEMASIADO FRÁGIL PARA MANEJAR ESCOPETAS ALGÚN DÍA.

"QUERIDO SR. BUTLER:
ESTOY IMPRESIONADO POR LA GRAN DESTREZA DE ANNIE OAKLEY, PERO LAMENTO...".

EL ESPECTÁCULO DEL SALVAJE OESTE DE BUFFALO BILL DELEITÓ A PERSONAS DE TODO EL MUNDO POR 30 AÑOS.

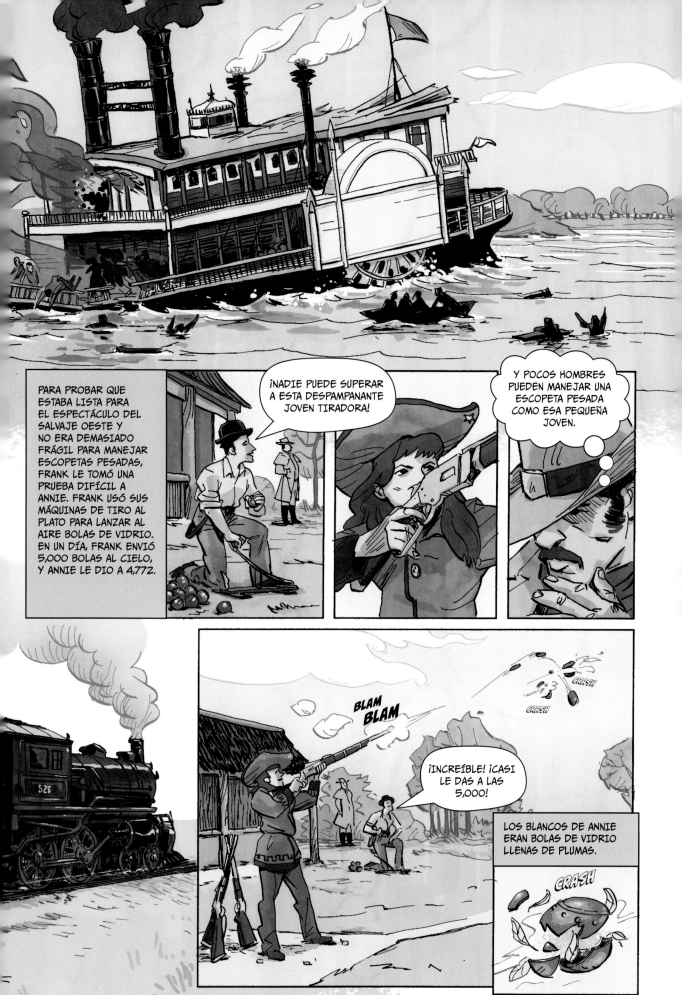

PARA PROBAR QUE ESTABA LISTA PARA EL ESPECTÁCULO DEL SALVAJE OESTE Y NO ERA DEMASIADO FRÁGIL PARA MANEJAR ESCOPETAS PESADAS, FRANK LE TOMÓ UNA PRUEBA DIFÍCIL A ANNIE. FRANK USÓ SUS MÁQUINAS DE TIRO AL PLATO PARA LANZAR AL AIRE BOLAS DE VIDRIO. EN UN DÍA, FRANK ENVIÓ 5,000 BOLAS AL CIELO, Y ANNIE LE DIO A 4,772.

¡NADIE PUEDE SUPERAR A ESTA DESPAMPANANTE JOVEN TIRADORA!

Y POCOS HOMBRES PUEDEN MANEJAR UNA ESCOPETA PESADA COMO ESA PEQUEÑA JOVEN.

BLAM BLAM

CRASH

CRASH

¡INCREÍBLE! ¡CASI LE DAS A LAS 5,000!

LOS BLANCOS DE ANNIE ERAN BOLAS DE VIDRIO LLENAS DE PLUMAS.

CRASH

CUANDO FINALMENTE LLEGÓ EL GRAN DÍA EN LOUISVILLE, ANNIE PRACTICÓ SU ACTO UNA VEZ MÁS EN UN ESTADIO DE BÉISBOL VACÍO. FRANK PREPARÓ BLANCOS Y LANZÓ BOLAS AL AIRE, MIENTRAS QUE EL HOMBRE MISTERIOSO, NATE SALSBURY, OBSERVABA EN SECRETO.

ANNIE COMENZÓ A DISPARAR LENTAMENTE A UNA, DOS, TRES Y LUEGO CUATRO BOLAS AL MISMO TIEMPO. PRONTO GIRABA EN TODAS LAS DIRECCIONES Y LE DABA A BOLA TRAS BOLA EN EL CIELO.

COMENZAR LENTAMENTE Y LUEGO DESARROLLAR VELOCIDAD ES UN BUEN ESPECTÁCULO.

LUEGO ANNIE TOMÓ DOS REVÓLVERES Y DISPARÓ RÁPIDAMENTE, PRIMERO CON LA MANO DERECHA Y LUEGO CON LA MANO IZQUIERDA, SIN FALLAR NUNCA.

BANG BANG
BANG

BANG BANG

¡ES UNA TIRADORA PERFECTA CON CUALQUIERA DE LAS DOS MANOS!

ANNIE SE MOVIÓ RÁPIDAMENTE Y CON GRACIA Y TOMÓ OTRAS ESCOPETAS. DISPARÓ POR SOBRE SU HOMBRO Y LE DIO A SUS BLANCOS. SE ACOSTÓ DE ESPALDAS Y LE DIO A SUS BLANCOS.

KRAK

BLAM

SABÍA QUE ERA BUENA, ¡PERO NUNCA FALLA!

ANNIE SE QUEDÓ DE PIE A UN LADO DE UNA MESA Y ESPERÓ QUE UNA BOLA GIRARA POR EL AIRE EN ESPIRAL.

SWOOOOOSH

ENTONCES ANNIE SALTÓ SOBRE LA MESA,

TOMÓ UNA ESCOPETA,

DISPARÓ E HIZO TRIZAS EL BLANCO EN EL AIRE.

CRASH

BLAM

ANNIE OAKLEY SE CONVERTIRÁ EN LA MAYOR ESTRELLA DE LA COMPAÑÍA DEL ESPECTÁCULO DEL SALVAJE OESTE.

NATE SALSBURY, UN BUSCADOR DE TALENTOS DEL ESPECTÁCULO DEL SALVAJE OESTE Y SOCIO COMERCIAL DE BUFFALO BILL, ERA EL ESPÍA EN LA VIDA DE ANNIE. ESA MAÑANA, NATE CONTRATÓ A ANNIE Y FRANK EN EL ACTO SIN CONSULTAR CON BUFFALO BILL.

ANNIE OAKLEY

EL SALVAJE OESTE DE BUFFALO BILL

ANNIE RÁPIDAMENTE SE CONVIRTIÓ EN EL MAYOR ÉXITO DEL ESPECTÁCULO DEL SALVAJE OESTE, ¡AUNQUE NUNCA HABÍA VIVIDO EN EL OESTE!

Compruébalo   ¿Por qué Bill Cody cambió de opinión sobre Annie Oakley?

Comenta Información

1. ¿Cómo crees que las tres lecturas del libro se relacionan con el tema de *El Viejo Oeste*?

2. ¿Cómo influye el punto de vista del interlocutor en la descripción del escenario en la canción "Hogar en la pradera"?

3. ¿Qué información de "Historia de los vaqueros" te pareció más interesante? ¿Por qué?

4. Observa las páginas 8 y 9 en "Historia de los vaqueros". ¿Qué objetos protegían a los vaqueros del estado del tiempo y otros elementos naturales? ¿Cómo lo hacían?

5. "Annie Oakley y el espectáculo del Salvaje Oeste" es una ficción histórica que está basada en la vida real. Observa las ilustraciones de la ropa y los accesorios. ¿En qué se parecen a los accesorios auténticos de los vaqueros que se muestran en "Historia de los vaqueros"?

6. ¿Qué quieres aprender aún sobre el Viejo Oeste? ¿Qué preguntas tienes sobre la época y las personas?